Made in the USA
San Bernardino, CA
11 March 2020

65539534R00062